1. Auflage 2010
Bestell-Nr. 816 534
ISBN 978-3-86591-534-4

Umschlaggestaltung: Joussen Karliczek GmbH
Umschlagfoto: photocase; Lumamarin
Fotos Innenteil:
Corbis: Seite 34, 35
Getty Images: Seite 43, 46, 47
Masterfile: Seite 26, 27
Mauritius Images: Seite 23, 31, 60, 61
Markus Plato: Seite 10, 11, 14, 15
Patrick Depuhl: Seite 30
Shutterstock: Seite 8, 9, 12, 13, 16, 17, 18, 19, 20, 21,
22, 23, 24, 25, 28, 29, 32, 33, 36, 37, 38, 39, 40, 41, 42,
44, 45, 48, 49, 50, 51, 52, 53, 54, 55, 56, 57, 58, 59
Satz und Layout: Hanni Plato
Druck und Verarbeitung: Print Consult GmbH, Grünwald

Christina Brudereck

DURCH
ATMEN

In der Stille vor Gott

Christina Brudereck

DURCH ATMEN

In der Stille vor Gott

Gerth Medien

Ich bete:

Ich bin hier,
weil ich etwas suche.
Ich bin hier,
weil ich mich nach Gott sehne,
nach guten Mächten,
die mich bergen.
Nach Frieden.
Achtsamkeit. Balance.
Nach einer Ahnung von Ewigkeit,
die mich beseelen kann
über dieses Leben hinaus.
Amen.

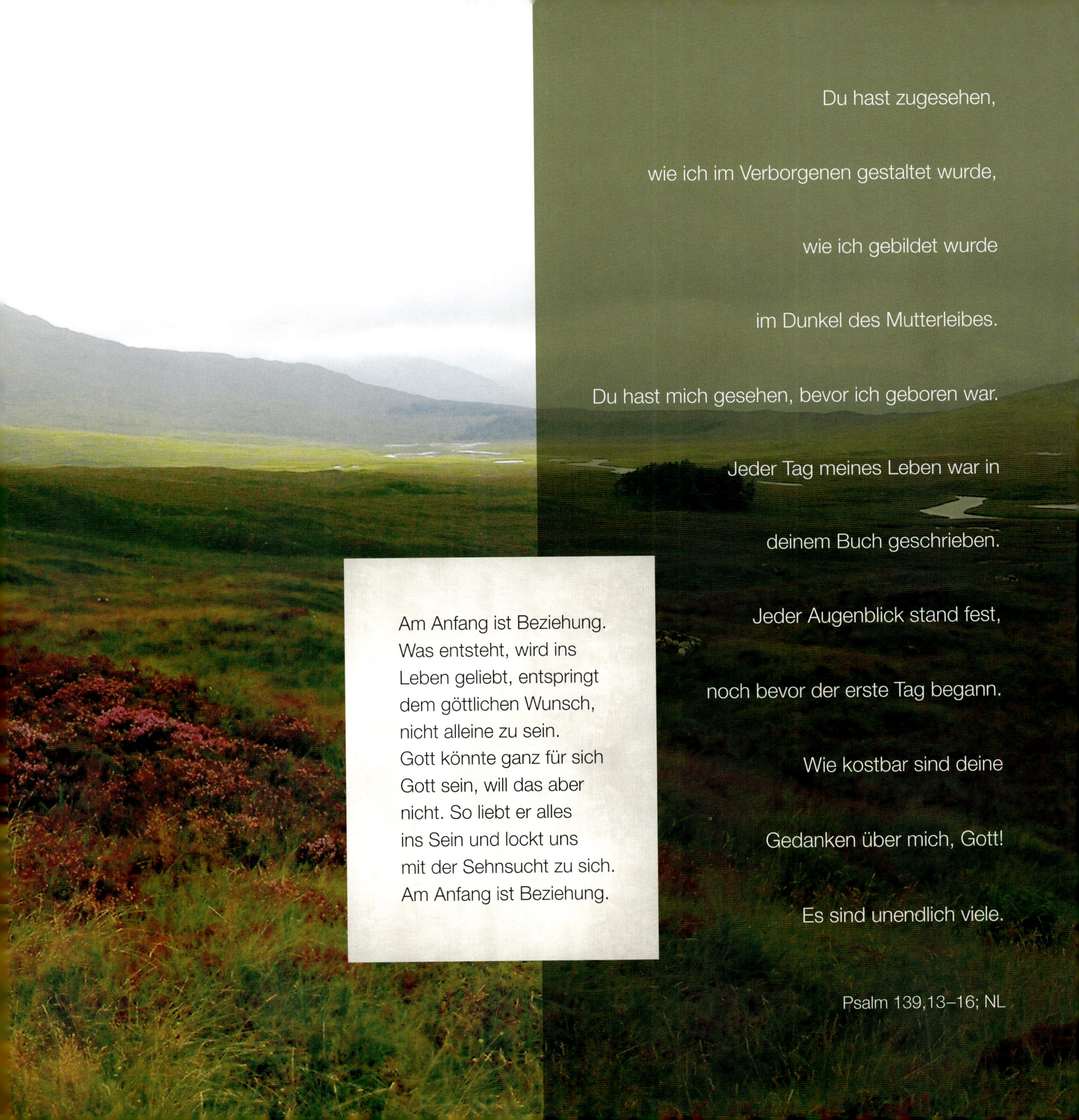

Du hast zugesehen,

wie ich im Verborgenen gestaltet wurde,

wie ich gebildet wurde

im Dunkel des Mutterleibes.

Du hast mich gesehen, bevor ich geboren war.

Jeder Tag meines Leben war in

deinem Buch geschrieben.

Jeder Augenblick stand fest,

noch bevor der erste Tag begann.

Wie kostbar sind deine

Gedanken über mich, Gott!

Es sind unendlich viele.

Psalm 139,13–16; NL

Am Anfang ist Beziehung.
Was entsteht, wird ins
Leben geliebt, entspringt
dem göttlichen Wunsch,
nicht alleine zu sein.
Gott könnte ganz für sich
Gott sein, will das aber
nicht. So liebt er alles
ins Sein und lockt uns
mit der Sehnsucht zu sich.
Am Anfang ist Beziehung.

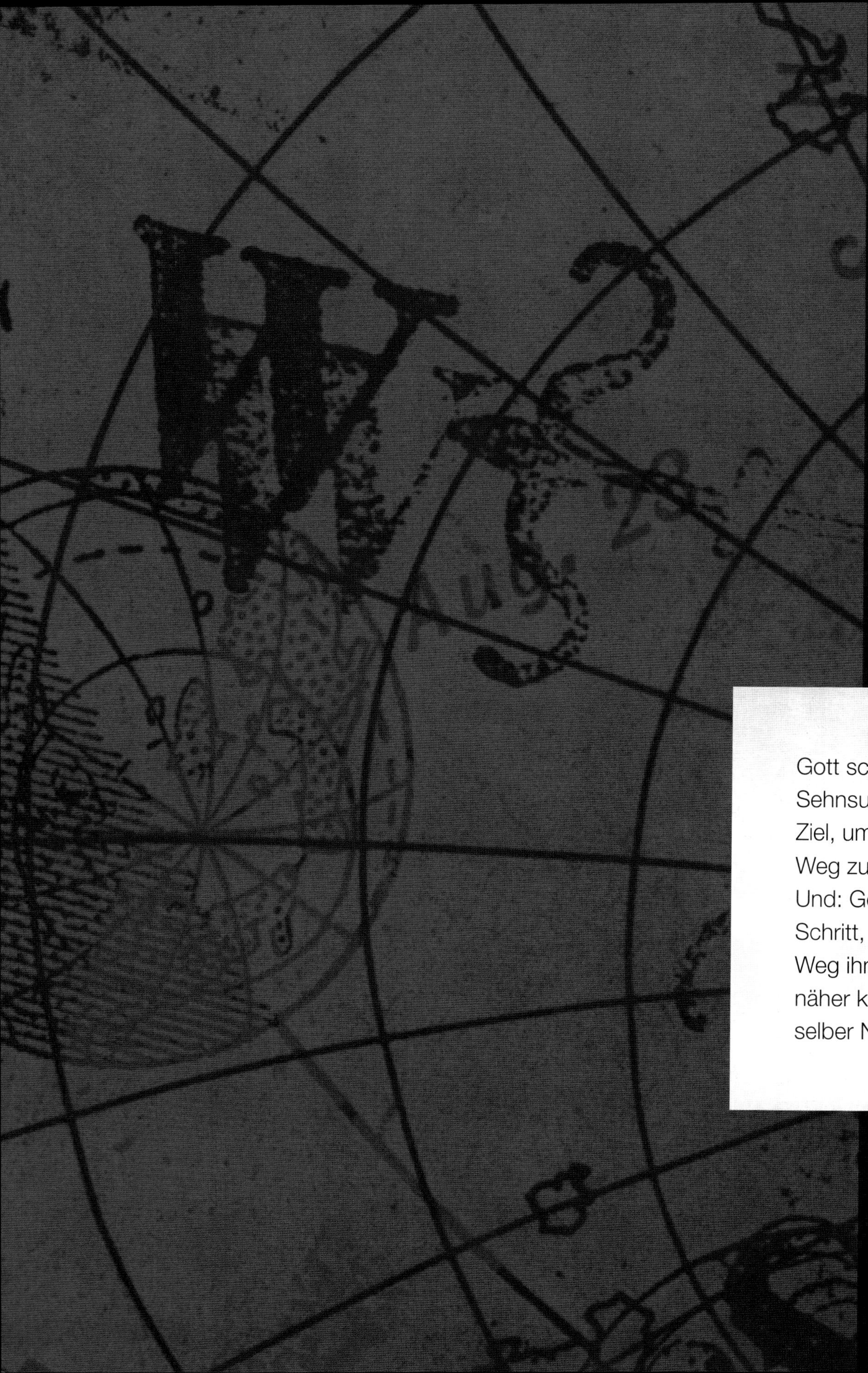

Der Herr

spricht zu mir:

„Ich will dir

den Weg zeigen,

den du

gehen sollst.

Ich will dir

raten und dich

behüten.“

Psalm 32,8; NL

Gott schuf die Sehnsucht nach dem Ziel, um uns auf den Weg zu locken.
Und: Gott ist in jedem Schritt, sodass der Weg ihm nicht nur näher kommt, sondern selber Nähe ist.

Es dürstet meine
Seele nach dir,
mein ganzer Mensch
verlangt nach dir
aus trockenem,
dürren Land,
wo kein Wasser ist.

Psalm 63,2; LÜ 84

Meine Seele dürstet nach Gott.
Mein Innerstes fühlt sich leer an.
In der Mitte meines Lebens
fehlt es an Erfüllung.
Meine Seele dürstet nach Gott
in trockenem Land, wo kein Wasser ist.
Vieles weckt Appetit,
aber nichts macht mich satt.
Vieles macht süchtig,
aber sehnsüchtig bleibe ich.
Übersättigt bin ich
und voller Verlangen.
Man füttert mich mit Vergnügen, aber:
Meine Seele dürstet nach Gott.
Mein Sinn spürt dich auf.
Du lockst mich an deine andere Quelle
und weiter bis an den Ozean aller Meere.

inspiriert von Psalm 63

Gott teilt sich mit
und ist dabei nicht
festgelegt auf
bestimmte Orte oder
Zeiten, sondern frei
in seinem Reden.
Gott spricht im Überall.

Ich möchte bewusst leben

und atmen,

das Unsichtbare achten

wie das Sichtbare,

das Selbstverständliche

wie das Überraschende,

das Gewohnte

wie das Außergewöhnliche.

Ich möchte bewusst leben

und atmen

und achten,

was mich leben lässt.

Ich bete:

Licht des Himmels,
gehe auf in meiner Seele.
Erleuchte mich
in dieser Welt.
Deine Strahlen
mögen mich berühren
und meinem Leben
Glanz verleihen.
Amen.

Schickst du aufs Neue deinen Atem,
so entsteht wieder Leben.
Du erneuerst das Gesicht der Erde.

Psalm 104,30; GN

Ich bete:

Du hörst nie auf,

mich zu wünschen.

Du sehnst dich nach mir

ohne Ende.

Du träumst mich neu

und immer wieder

suchst du mich.

Du liebst mich

immer noch einmal

in die Liebe.

Bis die große Sehnsucht

sich erfüllt im Ewigen.

Amen.

Gott umgibt uns, Gott ist da.

Gott in unseren Gedanken und Gesprächen.

Gott, wenn wir schlafen und aufwachen.

Gott in unserer Hoffnung.

Gott in unserem Leben, in unserer Seele.

Gott im Leiden. Gott, wenn wir lachen.

Gott in Erfüllung,

Gott in der Sehnsucht.

Gott hier, an diesem Ort.

Gott in jedem Menschen.

In diesem Moment.

Du bist vor mir
und hinter mir und
legst deine schützende
Hand auf mich.
Dieses Wissen ist
zu wunderbar für mich,
zu groß, als dass ich es
begreifen könnte!

Psalm 139,5–6; NL

wife was born on
January 1835 by
Merchant and
wife was born 27th
1835 by Dr Haldane
James Berwick.
daughter of James
his wife was
baptised on the 21st of said
William Berwick and

Am Anfang war das Wort.
Und Gott war das Wort.
Nicht Zufall, nicht blinde Kraft
brachten die Welt hervor,
sondern ein Sprechen, ein Ruf.
Das Wort war nicht nur
am Anfang, es spricht
immer noch. Und wir sind
die Angesprochenen.

Jetzt weinen können wäre gut –

oder lachen aus vollem Herzen.

Alles wäre besser als dieses Nichts.

Tanzen wollen wäre gut –

oder schlafen können.

Alles besser als diese Leere.

Schreiben wäre schön –

oder mit jemandem sprechen.

Besser als diese Sprachlosigkeit.

Ich verliere mich in Bildern

und in Gedanken.

Ich verliere mich in den Worten,

du findest mich im Schweigen.

Meine Seele
ist stille zu Gott,
der mir hilft.

Psalm 62,2; LÜ 84

Ich möchte,

dass sie alle Mut bekommen

und in Liebe zusammenhalten

und dass sie zur

ganzen reichen Fülle

des Verstehens gelangen

und Gottes

Geheimnis begreifen,

nämlich Christus.

Kolosser 2,2; GN

Gott ist das Größte,
was ein Mensch sagen kann,
und bleibt ein Geheimnis;
das aber können wir
nicht erklären,
sonst wäre es keins.

Gott zähmt unsere
Sehnsucht nicht,
sondern lockt dich
in die Wildnis,
bis du verrückt
nach ihm bist.

Ich bete:

Du suchst mich heim.

Du lockst mich

nach Hause.

Du liebst mich zurück.

Du wirbst mich

in Ursprünglichkeit.

Amen.

Die Welt und jedes
einzelne Wesen
entstanden aus der
Beziehung zu Gott
und leben in dieser
Beziehung weiter,
und das gilt ewig.

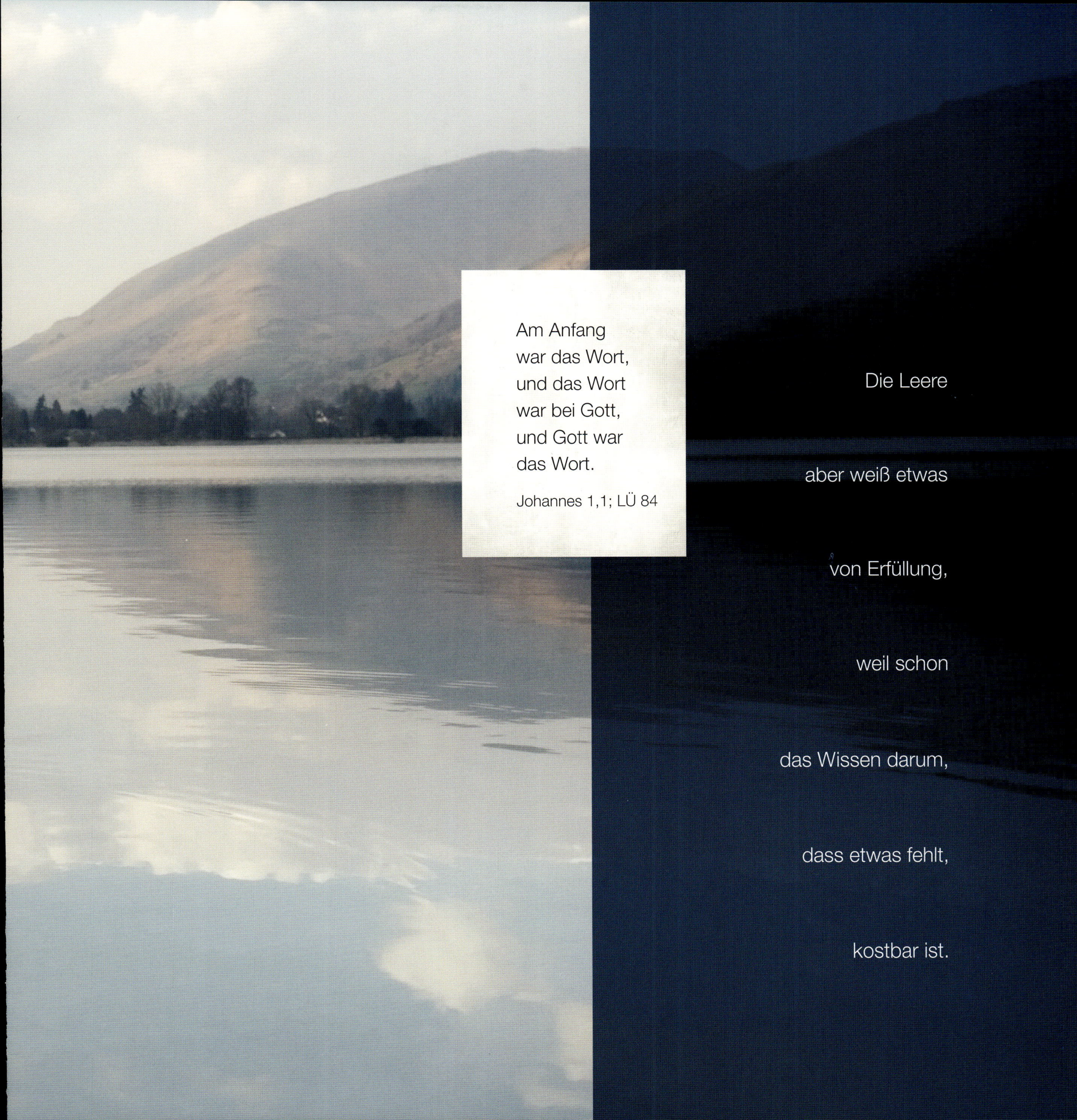

Am Anfang
war das Wort,
und das Wort
war bei Gott,
und Gott war
das Wort.

Johannes 1,1; LÜ 84

Die Leere

aber weiß etwas

von Erfüllung,

weil schon

das Wissen darum,

dass etwas fehlt,

kostbar ist.

Gott aber schuf
den Wind unsichtbar,
damit wir ihn nicht
beweisen könnten,
sondern lernen
würden,
die Wirkungen
zu lesen.

Seit Erschaffung der Welt

haben die Menschen die Erde

und den Himmel und alles gesehen,

was Gott erschaffen hat,

und können daran ihn,

den unsichtbaren Gott,

in seiner ewigen Macht

und seinem göttlichen

Wesen klar erkennen.

Römer 1,20; NL

Was ich tun kann:

dem Heiligen nachspüren,

bewusst atmen,

etwas ahnen, leise beten.

Mich lösen von alten Bildern.

Eintauchen in das Geheimnis.

Versinken im Vertrauen,

in die Erfahrung

der Gütekraft.

Mich fallen lassen.

Bis auf den Grund.

Dort finde ich Perlen.

Ich möchte wieder
hörend werden.
Im Lärm meine
innere Stimme finden.
Dabei vertraue ich darauf,
gehört zu werden
und angesprochen
von Gott.

Ich bete:

In mir schreit es nach Leben –

sehnsüchtig.

Mein Hunger sucht dich –

göttlich.

Du stillst mich –

mütterlich.

Und wirst mich

niemals satthaben –

glücklich!

Amen.

Darauf hörte ich jemand reden,
der sagte zu mir:
„Du Mensch, steh auf!
Ich habe dir etwas zu sagen."
Da kam Geist in mich
und stellte mich auf die Füße.

Hesekiel 1,28–2,2a; GN

Auch die leeren Seiten sind Teil der Erzählung.
Sie sind die Nischen der Hoffnung.

$ 4
% 5
6
& 7
' 8
(9
R
T
Y
U
I
D
F
G
H
J
K
C
V
B
N
M
? ;

300
320
340
N.W

Nah,

obwohl so fern,

ich entdecke

deine Zeichen.

Im Abendstern,

im Morgenstern.

Sie sind

die gleichen.

… es ist das Wort
ganz nahe bei dir,
in deinem Munde
und in deinem Herzen,
dass du es tust.

5. Mose 30,14; LÜ 84

Der Tag liegt vor mir
wie ein leeres Blatt Papier.
Einige Zeilen scheinen klar,
aber die Geschichte dieses Tages
kann immer noch
anders enden, als ich es jetzt plane.
Der Tag liegt vor mir
wie ein leeres Blatt Papier.
Ich möchte mit meinem Leben
eine Geschichte schreiben,
die Leben schenkt,
zu Recht hilft und Gutes bewirkt.
Der Tag liegt vor mir
wie ein leeres Blatt Papier.
Lass mich dich entdecken, Gott,
zwischen den Zeilen,
in den Worten der Güte
und in der langen Geschichte deiner Treue.

Lass uns jeden Morgen spüren,
dass du zu uns hältst,
dann sind unsere Tage erfüllt
von Jubel und Dank.

Psalm 90,14; GN

Auch wenn ich die Nacht noch spüre,

das Dunkel mich noch halten will,

die Müdigkeit in mir nachklingt –

auch wenn ich die Träume

schon wieder vergessen habe,

die Sterne verloren,

das Schweigen neu erobern muss –

auch wenn dieser Tag noch

unvertrautes Land ist

und ich den Weg nicht kenne –

es dämmert mir dein Licht, Gott.

Du erhellst mich,
ewiges Licht.
Du verleihst
meinem Leben Glanz.
Du erleuchtest mich,
Gütekraft.
Du strahlst mich an,
himmlische Liebe.

Von außen sind wir so verschieden,
aber innen haben wir alle ein Herz.
Ich ahne, dass jeder Mensch
als Gottsuchender geboren wurde
und als Liebender.

Es gibt eine

große segnende Kraft,

die Ewigkeit heißt.

Ihr vertraue ich mich an.

Ihrer Kraft

der Erneuerung,

der Energie

der Verwandlung,

der österlichen Sonntagskraft,

dem Neuanfang.

Beten bedeutet,
menschlich zu werden
angesichts einer
größeren Kraft.

Ich bin auf der Suche nach der Mitte.

Ich möchte ins Zentrum des Ganzen finden.

Ich mache mich auf die Reise nach innen.

Ich würde gerne Zusammenhänge verstehen,

die Einseitigkeit hinter mir lassen,

die Lebenskunst der Balance lernen.

Meine Sehnsucht zieht mich.

Dabei vertraue ich mich Gott an

und öffne mich für Eindrücke aus der Anderswelt.

Wer aber von dem Wasser trinkt,
das ich ihm geben werde,
wird nie mehr Durst haben.

Johannes 4,14; GN

Beide, der sehnsüchtige
Durst der Seele
und der Durst
nach frischem Wasser,
strecken sich
in dieselbe Richtung.

Ich bete:

Wasser des Lebens,

reinige und erfrische mich.

Tau, Quelle, See,

Regen, Meer, Fluss,

starker Strom.

Lass mich eintauchen

in dich, du großes

Geheimnis des Lebens.

Amen.

Gott segne alle Zeiten.
Warten und Hoffen.
Aufbruch und Weitergehen.
Arbeit, Stille, Unterbrechung.
Schenke Atem und Pausen.
Und verbinde meine Sehnsucht
mit dem Heiligen.

Unser Vater im Himmel,

dein Name werde geheiligt.

Dein Reich komme.

Dein Wille geschehe

wie im Himmel so auf Erden.

Unser tägliches Brot gib uns heute.

Und vergib uns unsere Schuld,

wie auch wir vergeben unseren Schuldigern.

Und führe uns nicht in Versuchung,

sondern erlöse uns von dem Bösen.

Denn dein ist das Reich und die Kraft

und die Herrlichkeit in Ewigkeit.

Amen.

Matthäus 6,9–13; L

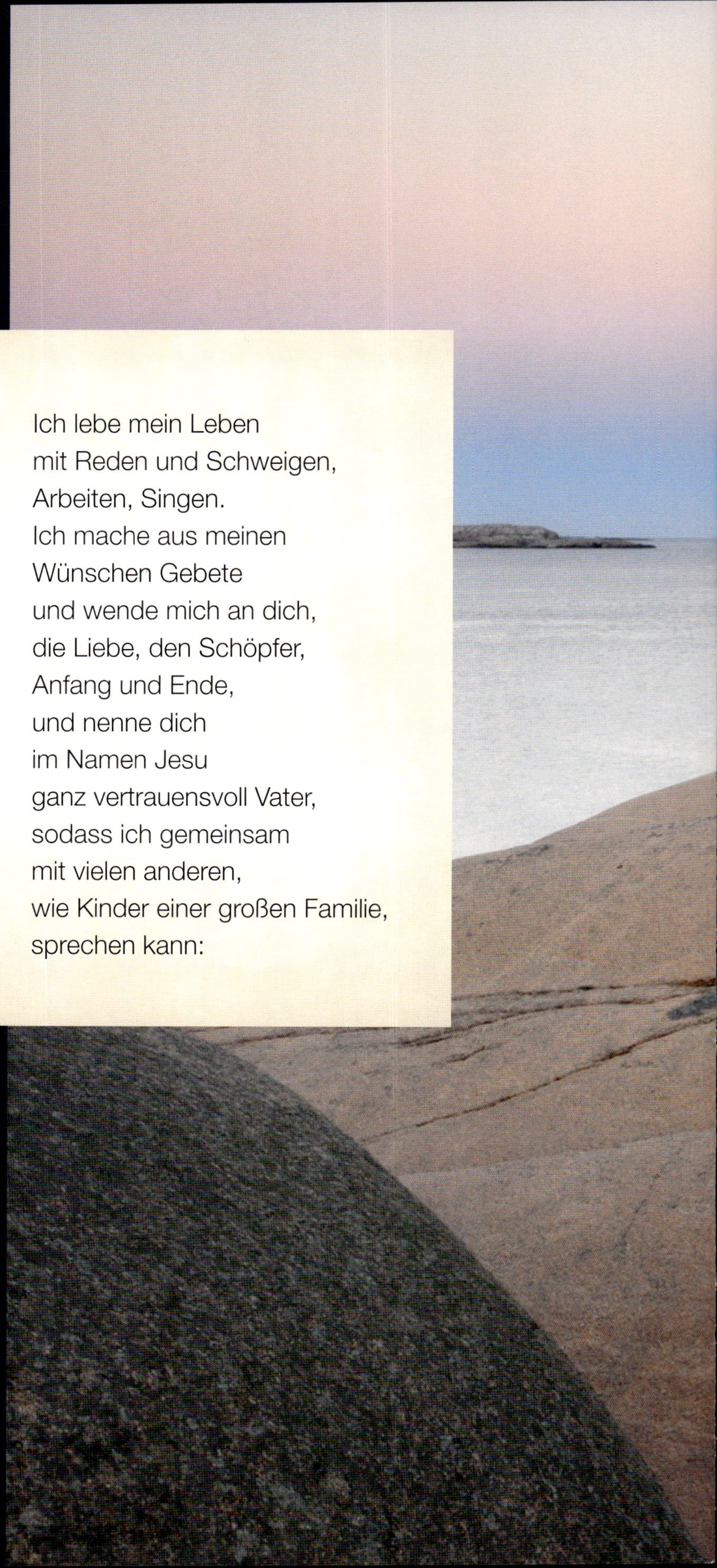

Ich lebe mein Leben
mit Reden und Schweigen,
Arbeiten, Singen.
Ich mache aus meinen
Wünschen Gebete
und wende mich an dich,
die Liebe, den Schöpfer,
Anfang und Ende,
und nenne dich
im Namen Jesu
ganz vertrauensvoll Vater,
sodass ich gemeinsam
mit vielen anderen,
wie Kinder einer großen Familie,
sprechen kann: